Impressum
Verlag: BABADADA GmbH, Nedderfeld 112 , 22529 Hamburg
Geschäftsführer / Verlagsleitung: Harald Hof
Druck: Books on Demand GmbH, In de Tarpen 42, 22848 Norderstedt

Imprint
Publisher: BABADADA GmbH, Nedderfeld 112 , 22529 Hamburg, Germany
Managing Director / Publishing direction: Harald Hof
Print: Books on Demand GmbH, In de Tarpen 42, 22848 Norderstedt, Germany

школа
skole

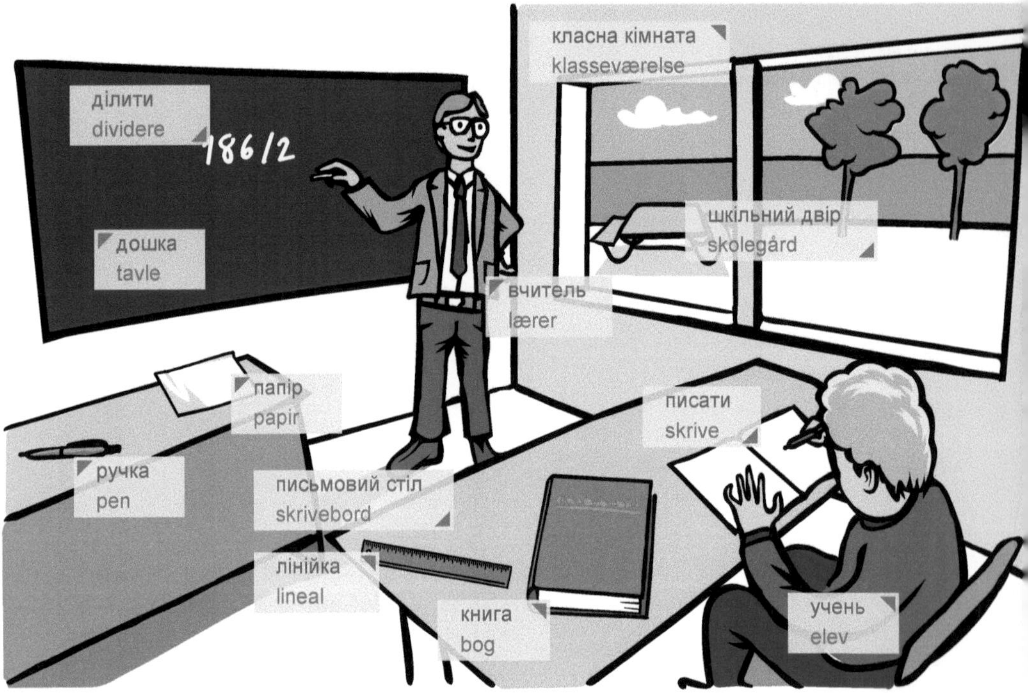
класна кімната
klasseværelse
ділити
dividere
186/2
дошка
tavle
шкільний двір
skolegård
вчитель
lærer
папір
papir
писати
skrive
ручка
pen
письмовий стіл
skrivebord
лінійка
lineal
книга
bog
учень
elev

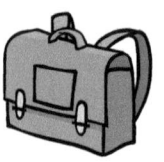

ранець
skoletaske

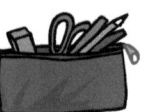

пенал
penalhus

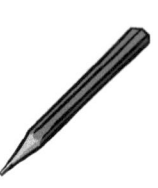

олівець
blyant

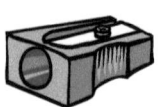

точило
blyantspidser

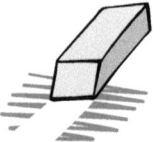

гумка
viskelæder

альбом для малювання
tegneblok

малюнок

tegning

пензель

pensel

коробка фарб

æske med vandfarver

ножиці

saks

клей

lim

зошит

opgavehefte

домашнє завдання

lektie

число

tal

додавати

addere

віднімати

subtrahere

множити

multiplicere

рахувати

regne

літера

bogstav

абетка

alfabet

hello

слово

ord

текст

tekst

читати

læse

крейда

kridt

година

time

класний журнал

klasseprotokol

екзамен

eksamen

диплом

karakterbog

шкільна форма

skoleuniform

освіта

uddannelse

лексикон

leksikon

університет

universitet

мікроскоп

mikroskop

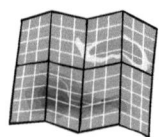

карта

kort

кошик для паперу

papirkurv

подорож

rejse

готель
hotel
Grand
турбаза
herberg
ROOMS
EXCHANGE
обмінний пункт
vekselkontor
валіза
kuffert
автомобіль
bil

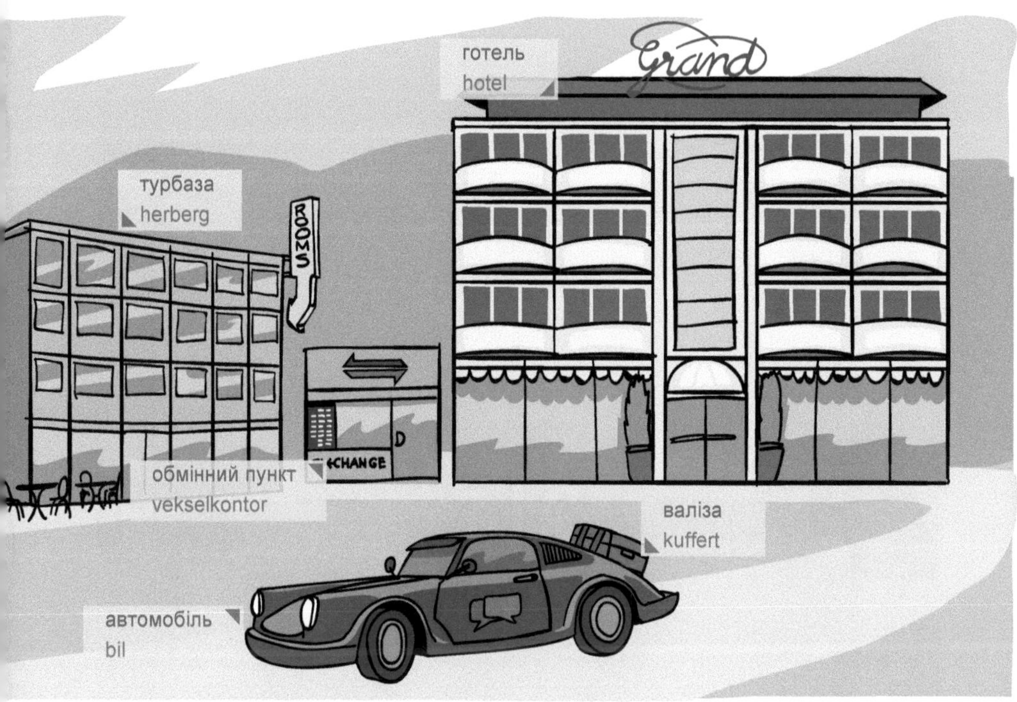

мова

sprog

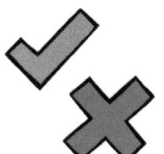

так / ні

ja / nej

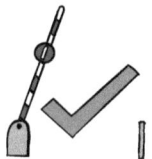

добре

okay

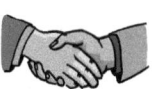

привіт

hej

перекладач

oversætter

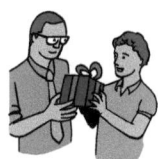

дякую

tak

Скільки коштує ...?

hvad koster…?

Я не розумію

Jeg forstår ikke

проблема

problem

Добрий вечір!

God aften!

Доброго ранку!

God morgen!

На добраніч!

God nat!

До побачення

farvel

напрямок

retning

багаж

bagage

сумка

taske

рюкзак

rygsæk

гість

gæst

кімната

værelse

спальний мішок

sovepose

намет

telt

туристична інформація

turistinformation

пляж

strand

кредитна картка

kreditkort

сніданок

morgenmad

обід

middagsmad

вечеря

aftensmad

квиток

billet

ліфт

elevator

поштова марка

frimærke

межа

grænse

митниця

told

посольство

ambassade

віза

visum

паспорт

pas

транспорт
transport

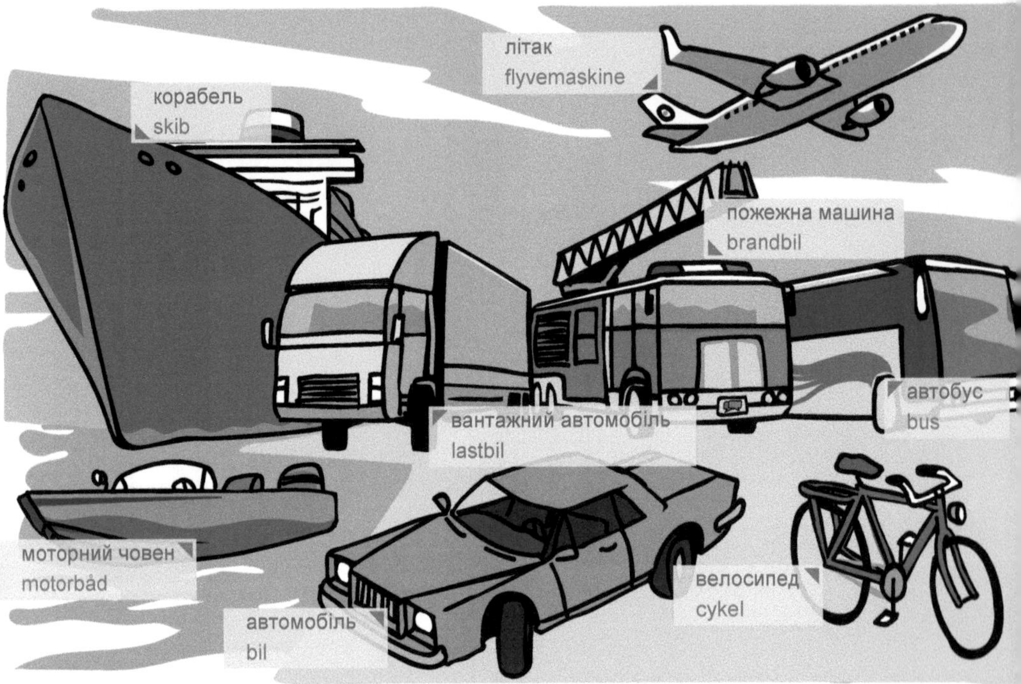

літак
flyvemaskine
корабель
skib
пожежна машина
brandbil
автобус
bus
вантажний автомобіль
lastbil
моторний човен
motorbåd
велосипед
cykel
автомобіль
bil

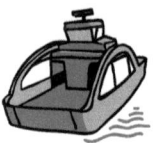

пором
færge

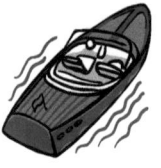

човен
båd

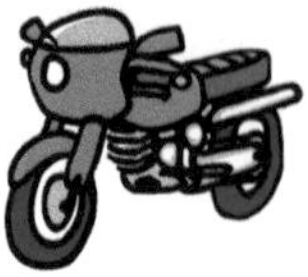

мотоцикл
motorcykel

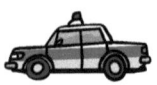

поліцейська машина
politibil

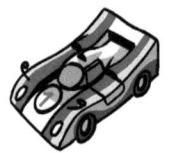

гоночний автомобіль
racerbil

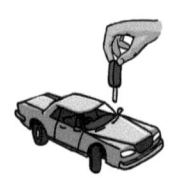

автомобіль на прокат
lejebil

пільне користування авто

samkørsel

евакуатор

kranbil

сміттєвоз

skraldebil

двигун

motor

паливо

benzin

автозаправна станція

tankstation

дорожній знак

trafikskilt

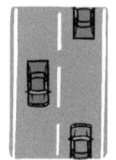

рух

trafik

затор

trafikprop

стоянка

parkeringsplads

вокзал

banegård

рейки

skinner

потяг

tog

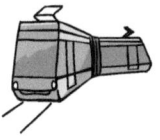

трамвай

sporvogn

вагон

wagon

гелікоптер

helikopter

аеропорт

lufthavn

вежа

tårn

пасажир

passager

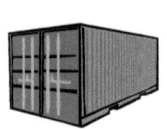

контейнер

container

коробка

karton

візок

kærre

кошик

kurv

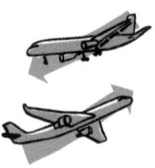

стартувати / приземлятися

starte / lande

місто

by

село

landsby

центр міста

bymidte

дім

hus

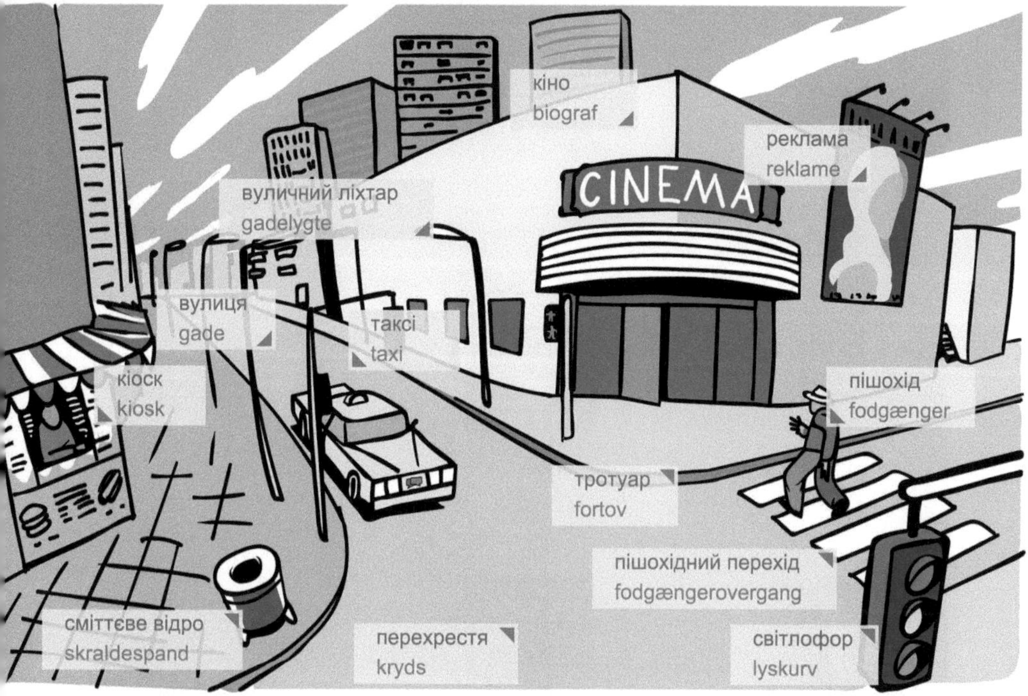
кіно
biograf
реклама
reklame
CINEMA
вуличний ліхтар
gadelygte
вулиця
gade
таксі
taxi
кіоск
kiosk
пішохід
fodgænger
тротуар
fortov
пішохідний перехід
fodgængerovergang
сміттєве відро
skraldespand
перехрестя
kryds
світлофор
lyskurv

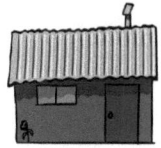

хатина

hytte

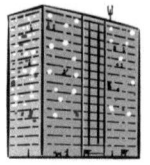

квартира

lejlighed

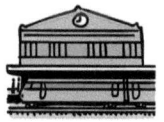

вокзал

banegård

ратуша

rådhus

MUSEUM

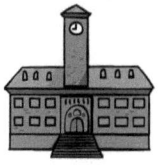

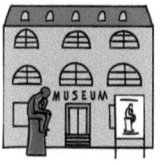

музей

museum

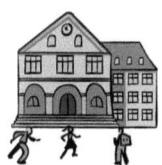

школа

skole

університет

universitet

банк

bank

лікарня

sygehus

готель

hotel

аптека

apotek

офіс

kontor

книжковий магазин

boghandel

магазин

butik

квітковий магазин

blomsterbutik

супермаркет

supermarked

ринок

marked

універмаг

stormagasin

торговець рибою

fiskehandler

торговельний центр

butikscenter

гавань

havn

парк

park

лава

bænk

міст

bro

сходи

trappe

метро

undergrundsbane

тунель

tunnel

автобусна зупинка

busstoppested

бар

barnevogn

ресторан

restaurant

поштова скринька

postkasse

вулична табличка

vejskilt

лічильник паркування

parkometer

зоопарк

zoo

басейн

badeanstalt

мечеть

moske

ферма

bondegård

забруднення навколишнього середовища

miljøforurening

кладовище

kirkegård

церква

kirke

дитячий майданчик

legeplads

храм

tempel

ландшафт

landskab

листок
blad

вказівний стовп
vejviser

шлях
vej

луг
eng

камінь
sten

дерево
træ

мандрівник
vandrer

річка
flod

трава
græs

квітка
blomst

долина

dal

гора

bjerg

озеро

sø

ліс

skov

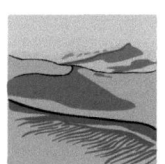

пустеля

ørken

вулкан

vulkan

замок

slot

веселка

regnbue

гриб

svamp

пальма

palme

комар

moskito

муха

flue

мурашка

myre

бджола

bi

павук

edderkop

ландшафт - landskab

жук

bille

жаба

frø

вивірка

egern

їжак

pindsvin

заєць

hare

сова

ugle

птах

fugl

лебідь

svane

кабан

vildsvin

олень

hjort

лось

elg

гребля

dæmning

вітряк

vindmølle

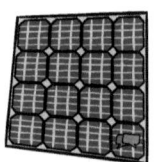

сонячний модуль

solcellemodul

клімат

klima

ресторан
restaurant

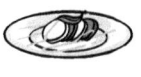

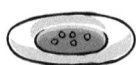

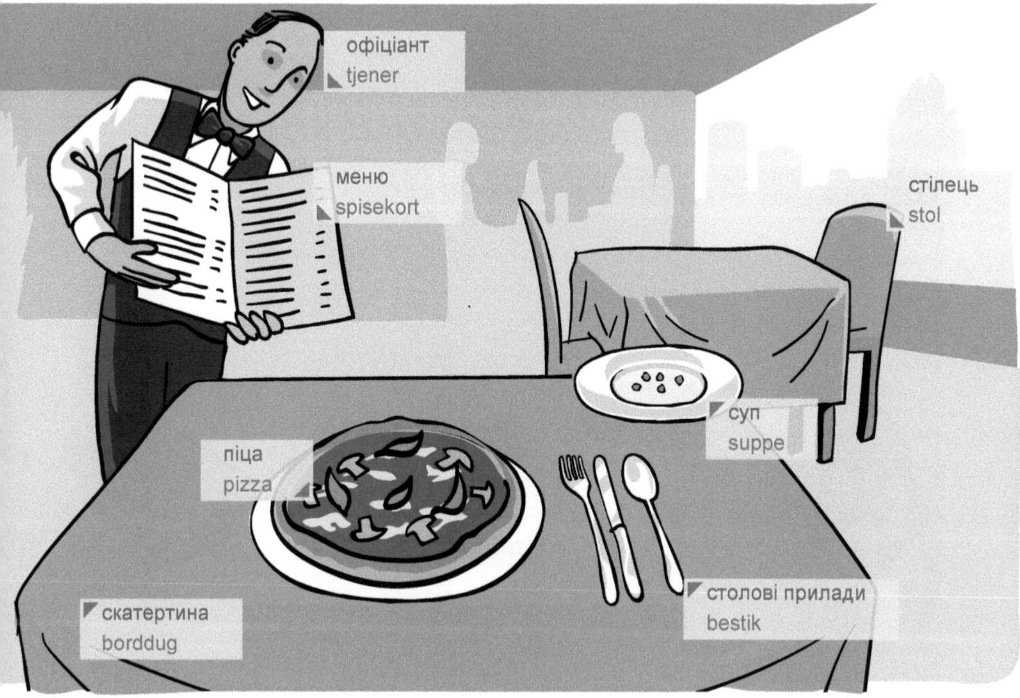

офіціант
tjener
меню
spisekort
стілець
stol
суп
suppe
піца
pizza
столові прилади
bestik
скатертина
borddug

закуска
forret

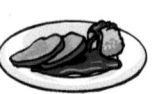

друга страва
hovedret

десерт
dessert

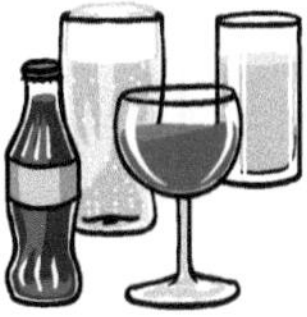

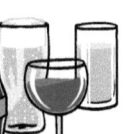

напої
drikkevarer

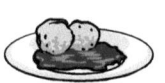

їжа
mad

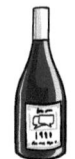

пляшка
flaske

фаст-фуд

fastfood

вулична їжа

streetfood

чайник

tekande

цукорниця

sukkerdåse

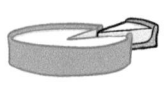

порція

portion

еспресо-машина

espressomaskine

високий стільчик

barnestol

рахунок

faktura

піднос

tablet

ніж

kniv

вилка

gaffel

ложка

ske

чайна ложка

teske

серветка

serviet

склянка

glas

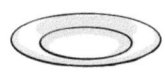

тарілка

tallerken

тарілка для супу

dyb tallerken

блюдце

underkop

соус

sovs

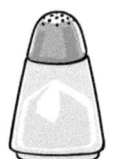

солонка

saltbøsse

млин для перцю

peberkværn

оцет

eddike

масло

olie

спеції

krydderier

кетчуп

ketchup

гірчиця

sennep

майонез

mayonnaise

супермаркет
supermarked

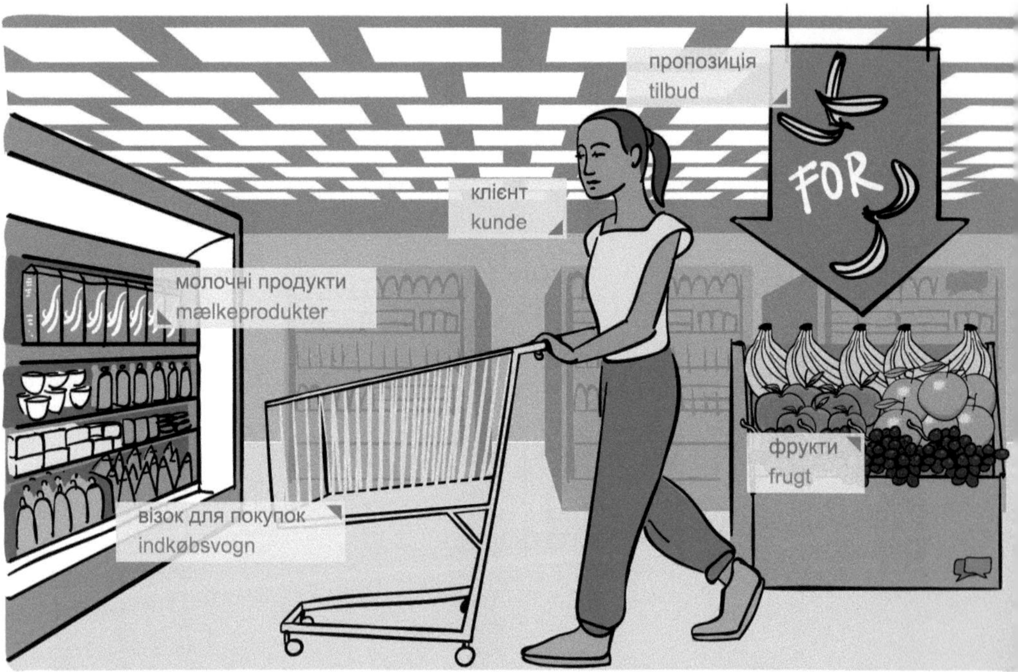

пропозиція
tilbud
FOR
клієнт
kunde
молочні продукти
mælkeprodukter
фрукти
frugt
візок для покупок
indkøbsvogn

BUTCHERS

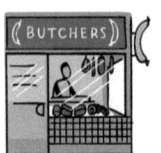

м'ясний магазин

slagter

BAKERY

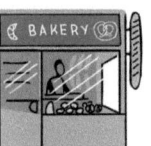

пекарня

bageri

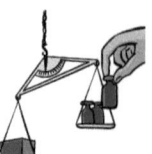

зважувати

veje

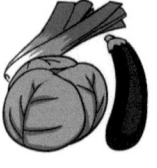

овочі

grøntsager

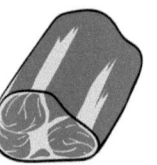

м'ясо

kød

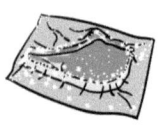

заморожені продукти

frostvarer

ковбасна нарізка

pålæg

консерви

konserves

пральний порошок

vaskemiddel

солодощи

slik

предмети домашнього побуту

husholdningsvarer

мийний засіб

rengøringsmidler

продавщиця

ekspedient

каса

kasse

касир

kasserer

список покупок

indkøbsliste

часи роботи

åbningstider

гаманець

tegnebog

кредитна картка

kreditkort

сумка

taske

поліетиленовий пакет

plasticpose

вода

vand

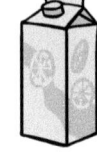

сік

saft

молоко

mælk

кола

cola

вино

vin

пиво

øl

алкоголь

alkohol

какао

kakao

чай

te

кава

kaffe

еспресо

espresso

капучіно

cappuccino

банан

banan

яблуко

æble

апельсин

appelsin

кавун

melon

лимон

citron

морква

gulerod

часник

hvidløg

бамбук

bambus

цибуля

løg

гриб

svamp

горішки

nødder

локшина

nudler

спагеті

spaghetti

рис

ris

салат

salat

картопля фрі

pomfritter

смажена картопля

stegte kartofler

піца

pizza

гамбургер

hamburger

бутерброд

sandwich

шніцель

schnitzel

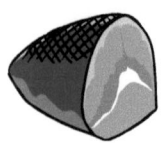

шинка

skinke

салямі

salami

ковбаса

pølse

курка

kylling

печеня

steg

риба

fisk

вівсяні пластівці

havregryn

мюслі

mysli

кукурудзяні пластівці

cornflakes

борошно

mel

круасан

croissant

булочка

rundstykke

хліб

brød

тостовий хліб

toast

печиво

kiks

масло

smør

сир

kvark

пиріг

kage

яйце

æg

яєчня

spejlæg

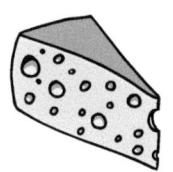

сир

ost

морозиво

is

цукор

sukker

мед

honning

мармелад

marmelade

нуга-крем

nougat-creme

карі

karry

ферма
bondegård

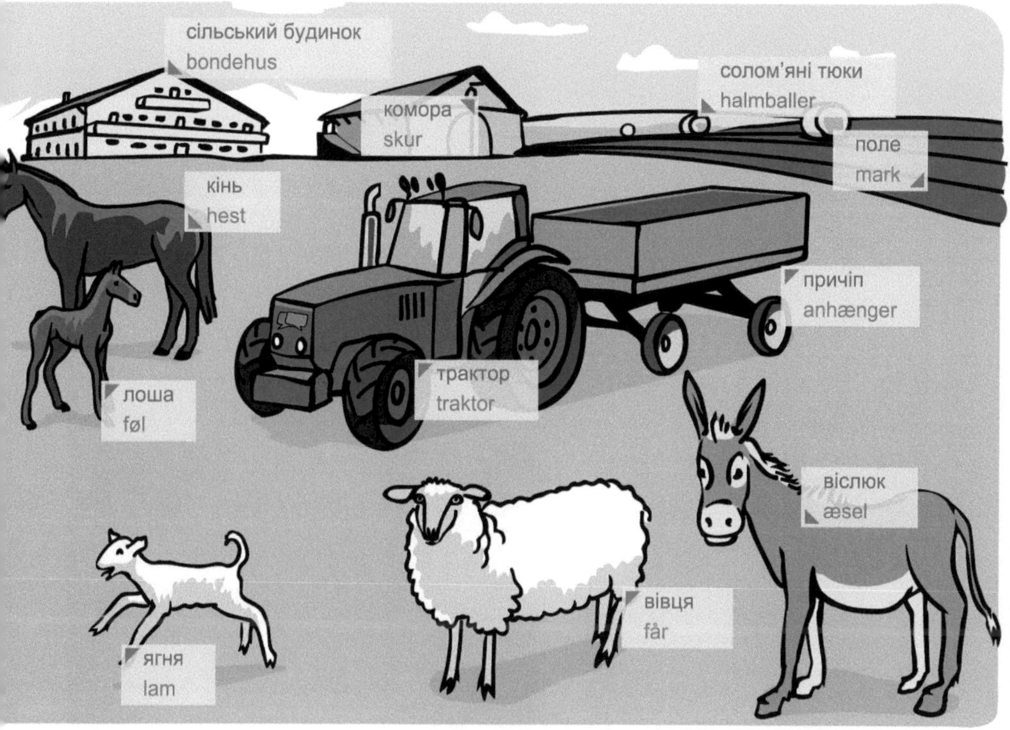
сільський будинок
bondehus
солом'яні тюки
halmballer
комора
skur
поле
mark
кінь
hest
причіп
anhænger
трактор
traktor
лоша
føl
віслюк
æsel
вівця
får
ягня
lam

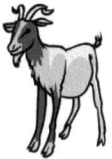

коза

ged

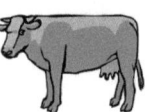

корова

ko

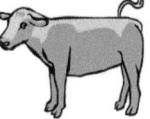

теля

kalv

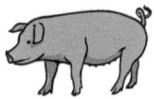

свиня

svin

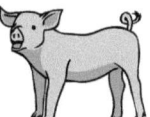

порося

gris

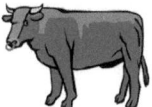

бик

tyr

гусак

gås

качка

and

курча

kylling

курка

høne

півень

hane

щур

rotte

кіт

kat

миша

mus

віл

okse

собака

hund

собача будка

hundehus

садовий шланг

haveslange

лійка

vandkande

коса

le

плуг

plov

ферма - bondegård

серп

segl

мотика

hakkejern

вила

møggreb

сокира

økse

тачка

trillebør

корито

trug

бідон молока

mælkekande

мішок

sæk

паркан

hæk

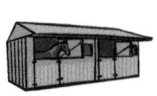

хлів

stald

теплиця

drivhus

ґрунт

jord

насіння

frø

добриво

gødning

комбайн

mejetærsker

пожинати

høste

урожай

høst

корінь ямсу

yams

пшениця

hvede

соя

soja

картопля

kartoffel

кукурудза

majs

ріпак

raps

плодове дерево

frugttræ

маніок

maniok

злаки

korn

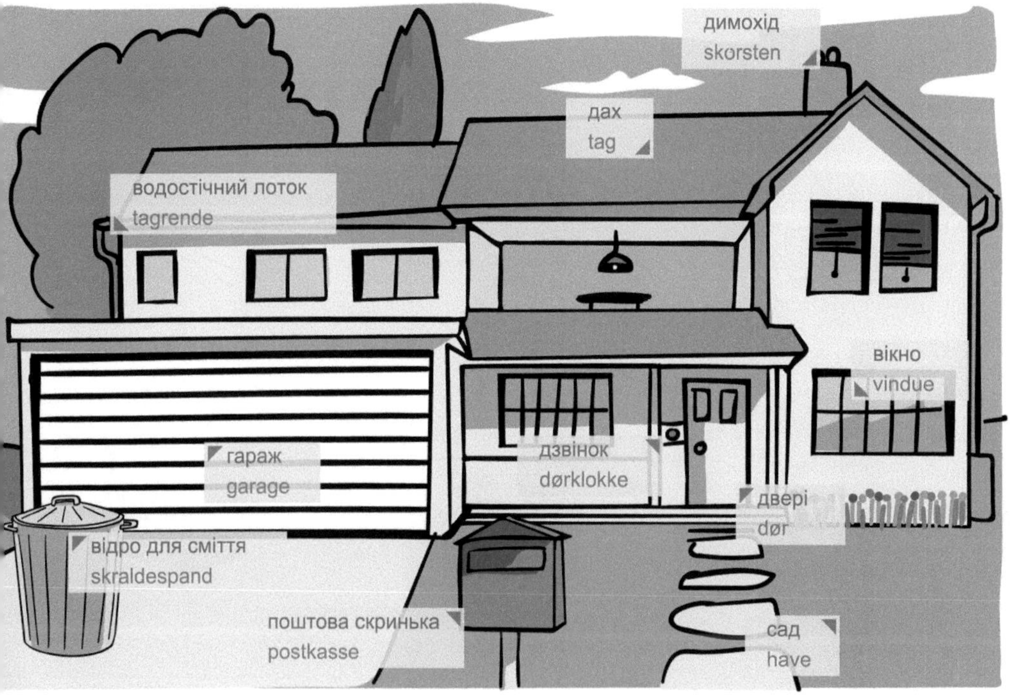

димохід
skorsten

дах
tag

водостічний лоток
tagrende

вікно
vindue

гараж
garage

дзвінок
dørklokke

двері
dør

відро для сміття
skraldespand

поштова скринька
postkasse

сад
have

вітальня
stue

ванна кімната
badeværelse

кухня
køkken

спальня
soveværelse

дитяча кімната
børneværelse

їдальня
spisestue

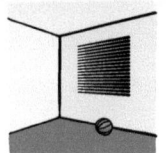

підлога

gulv

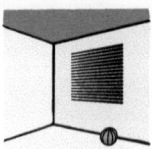

стіна

væg

стеля

loft

підвал

kælder

сауна

sauna

балкон

altan

тераса

terrasse

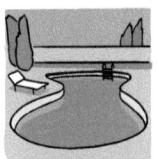

басейн

svømmehal

косарка

plæneklipper

простирало

dynebetræk

ковдра

dyne

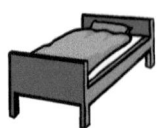

ліжко

seng

мітла

kost

відро

spand

перемикач

kontakt

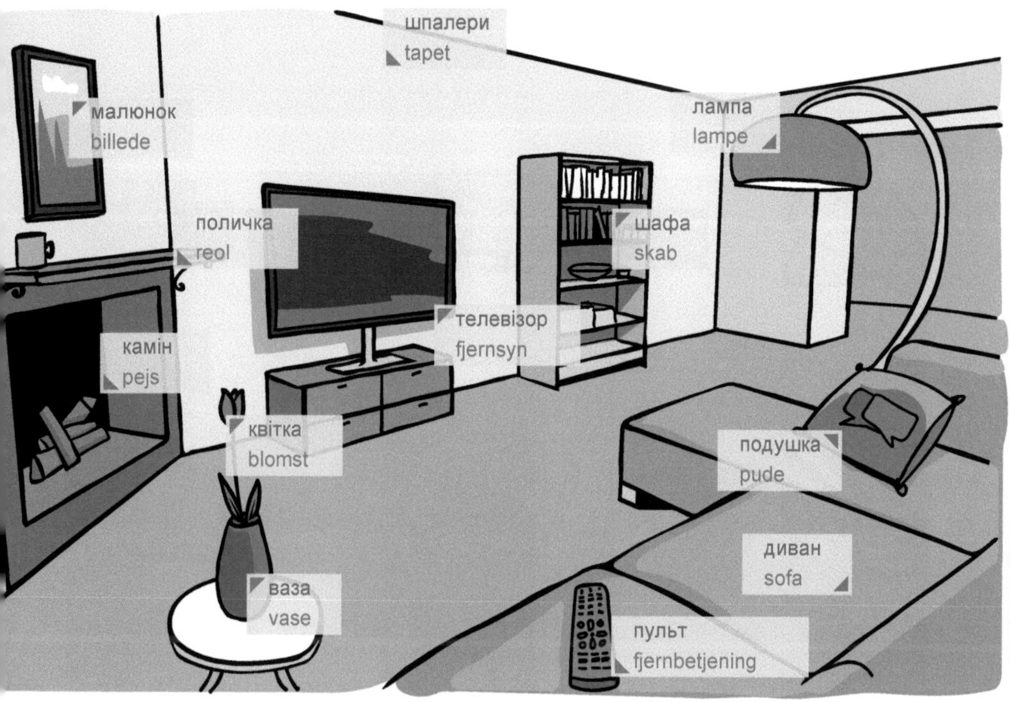

шпалери
tapet

малюнок
billede

лампа
lampe

поличка
reol

шафа
skab

камін
pejs

телевізор
fjernsyn

квітка
blomst

подушка
pude

диван
sofa

ваза
vase

пульт
fjernbetjening

килим
gulvtæppe

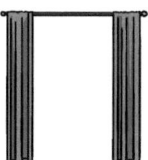

завіса
gardin

стіл
bord

стілець
stol

крісло-гойдалка
gyngestol

крісло
lænestol

книга

bog

ковдра

tæppe

прикраса

dekoration

дрова

brænde

фільм

film

стереосистема

stereoanlæg

ключ

nøgle

газета

avis

картина

maleri

плакат

plakat

радіо

radio

блокнот

notesblok

пилосос

støvsuger

кактус

kaktus

свічка

lys

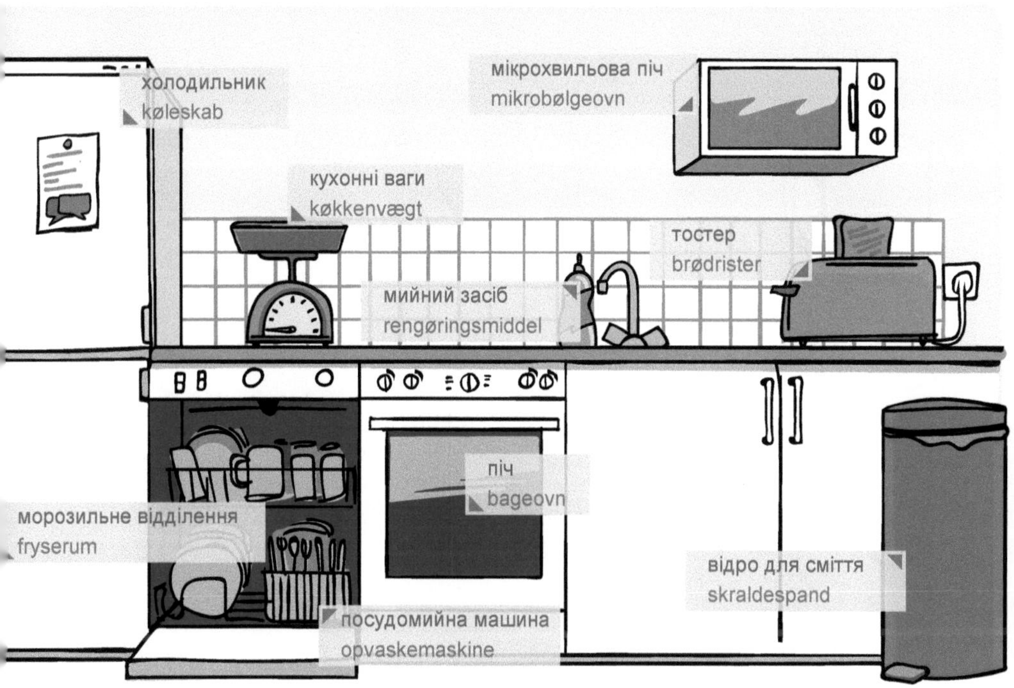

холодильник
køleskab

мікрохвильова піч
mikrobølgeovn

кухонні ваги
køkkenvægt

тостер
brødrister

мийний засіб
rengøringsmiddel

піч
bageovn

морозильне відділення
fryserum

відро для сміття
skraldespand

посудомийна машина
opvaskemaskine

плита

komfur

горщик

gryde

чавунний горщик

jerngryde

вок / кадай

wok / kadai

сковорода

pande

чайник

elkedel

пароварка

dampkoger

лист

bageplade

посуд

service

кухоль

bæger

чаша

skål

палички для їжі

spisepinde

черпак

øseske

лопатка

paletkniv

вінчик для збивання

piskeris

сито

dørslag

сито

si

терка

rive

ступка

morter

барбекю

grille

багаття

ildsted

дошка
skærebræt

качалка
kagerulle

штопор
proptrækker

консерва
dåse

відкривачка
dåseåbner

прихватки
grydelap

раковина
køkkenvask

щітка
børste

губка
svamp

міксер
blender

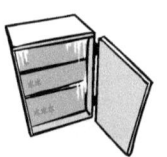

морозильна камера
dybfryser

дитяча пляшка
sutteflaske

кран
vandhane

ванна кімната

badeværelse

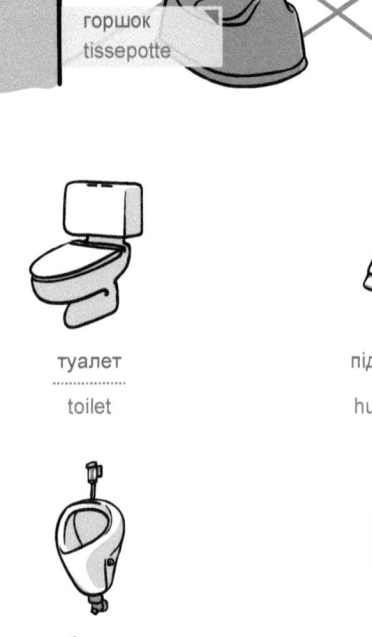

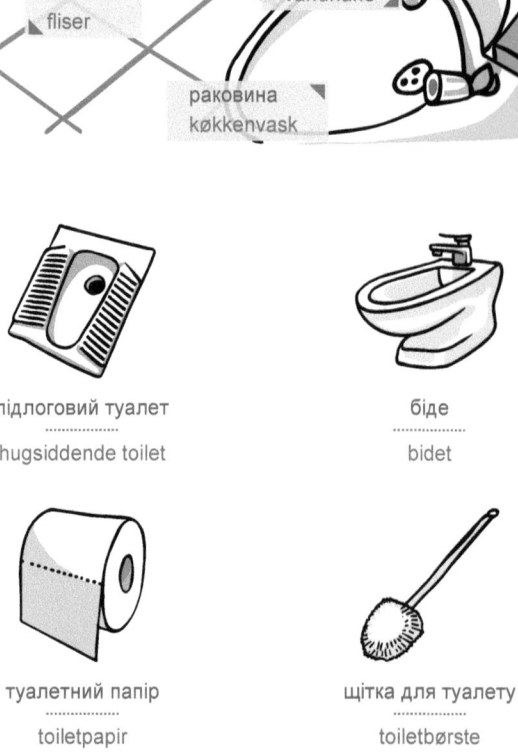

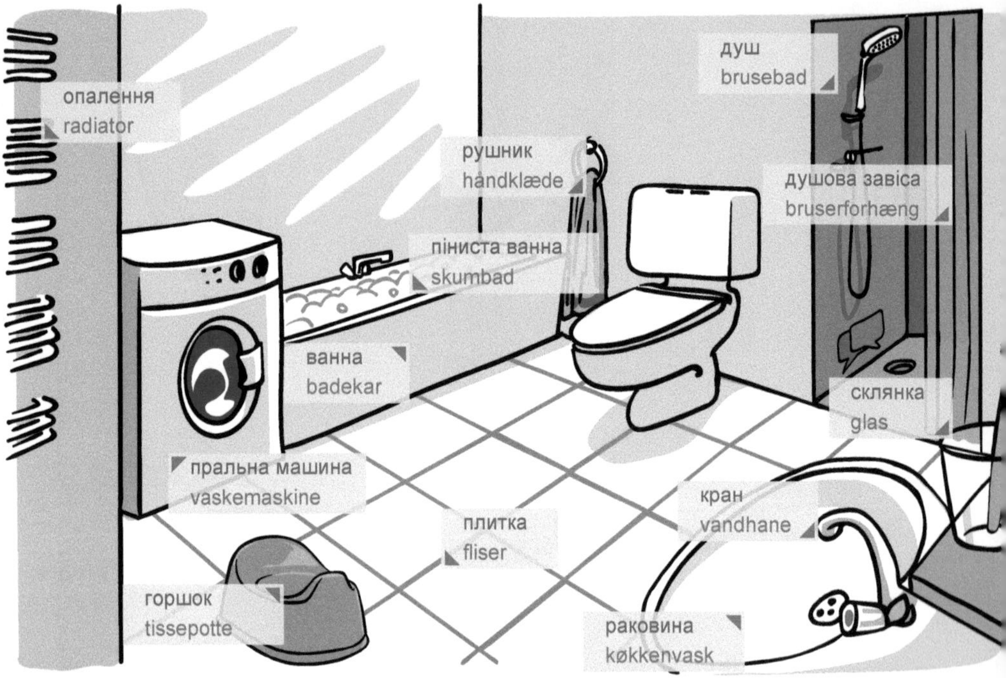

опалення
radiator
рушник
håndklæde
душ
brusebad
душова завіса
bruserforhæng
пiниста ванна
skumbad
ванна
badekar
склянка
glas
пральна машина
vaskemaskine
кран
vandhane
плитка
fliser
горшок
tissepotte
раковина
køkkenvask

туалет

toilet

підлоговий туалет

hugsiddende toilet

біде

bidet

пісуар

pissoir

туалетний папір

toiletpapir

щітка для туалету

toiletbørste

зубна щітка

tandbørste

зубна паста

tandpasta

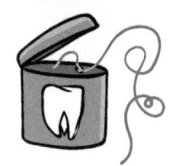

нитка для чищення зубів

tandtråd

мити

vaske

ручний душ

håndbruser

інтимний душ

intimbruser

таз

vaskefad

щітка для спини

badebørste

мило

sæbe

гель для душу

brusegele

шампунь

shampoo

мочалка

vaskeklud

водостік

afløb

крем

creme

дезодорант

deodorant

дзеркало

spejl

косметичне дзеркало

kosmetikspejl

бритва

barberhøvl

піна для гоління

barberskum

лосьйон після гоління

barbervand

гребінь

kam

щітка

børste

фен

hårtørrer

лак для волосся

hårspray

косметика

makeup

губна помада

læbestift

лак для нігтів

neglelak

вата

vat

ножиці для нігтів

neglesaks

парфум

parfume

косметичка

toilettaske

табурет

skammel

ваги

vægt

халат

badekåbe

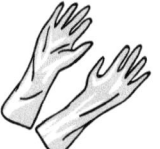

гумові рукавички

gummihandsker

тампон

tampon

гігієнічні прокладки

damebind

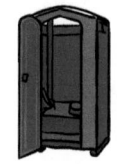

біотуалет

kemisk toilet

дитяча кімната

børneværelse

будильник
vækkeur
м'яка іграшка
bamse
іграшковий автомобіль
legetøjsbil
брязкальце
skralde
ляльковий будиночок
dukkehus
подарунок
gave

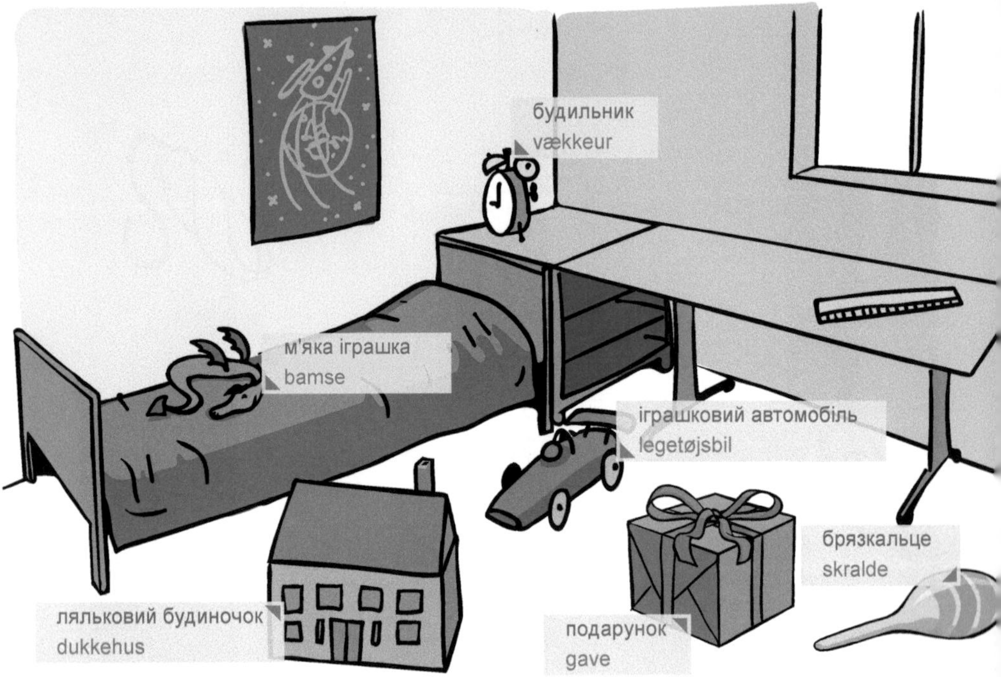

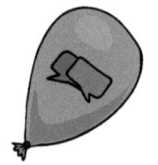

повітряна кулька

ballon

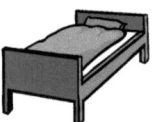

ліжко

seng

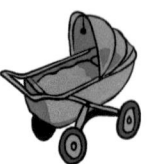

дитячий візок

barnevogn

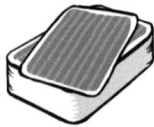

картярська гра

kortspil

пазл

puslespil

SUPER
MEGA

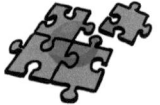

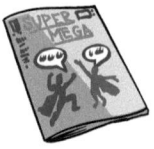

комікс

tegneserie

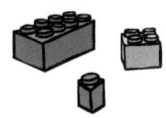

лего цеглинки

legoklodser

блоки

byggeklodser

іграшкова фігурка

action figur

повзунки

sparkedragt

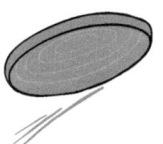

фризбі

frisbee

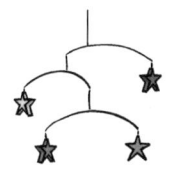

мобіле

uro

настільна гра

brætspil

кубик

terning

модель залізнична станція

modeljernbane

соска

sut

вечірка

fest

книжка з картинками

billedbog

м'яч

bold

лялька

dukke

грати

lege

пісочниця

sandkasse

гойдалка

gynge

іграшка

legetøj

гральна консоль

spillekonsol

триколісний велосипед

trehjulet cykel

плюшевий мішка

bamse

шафа

klædeskab

одяг

tøj

шкарпетки

sokker

панчохи

strømper

колготки

strømpebukser

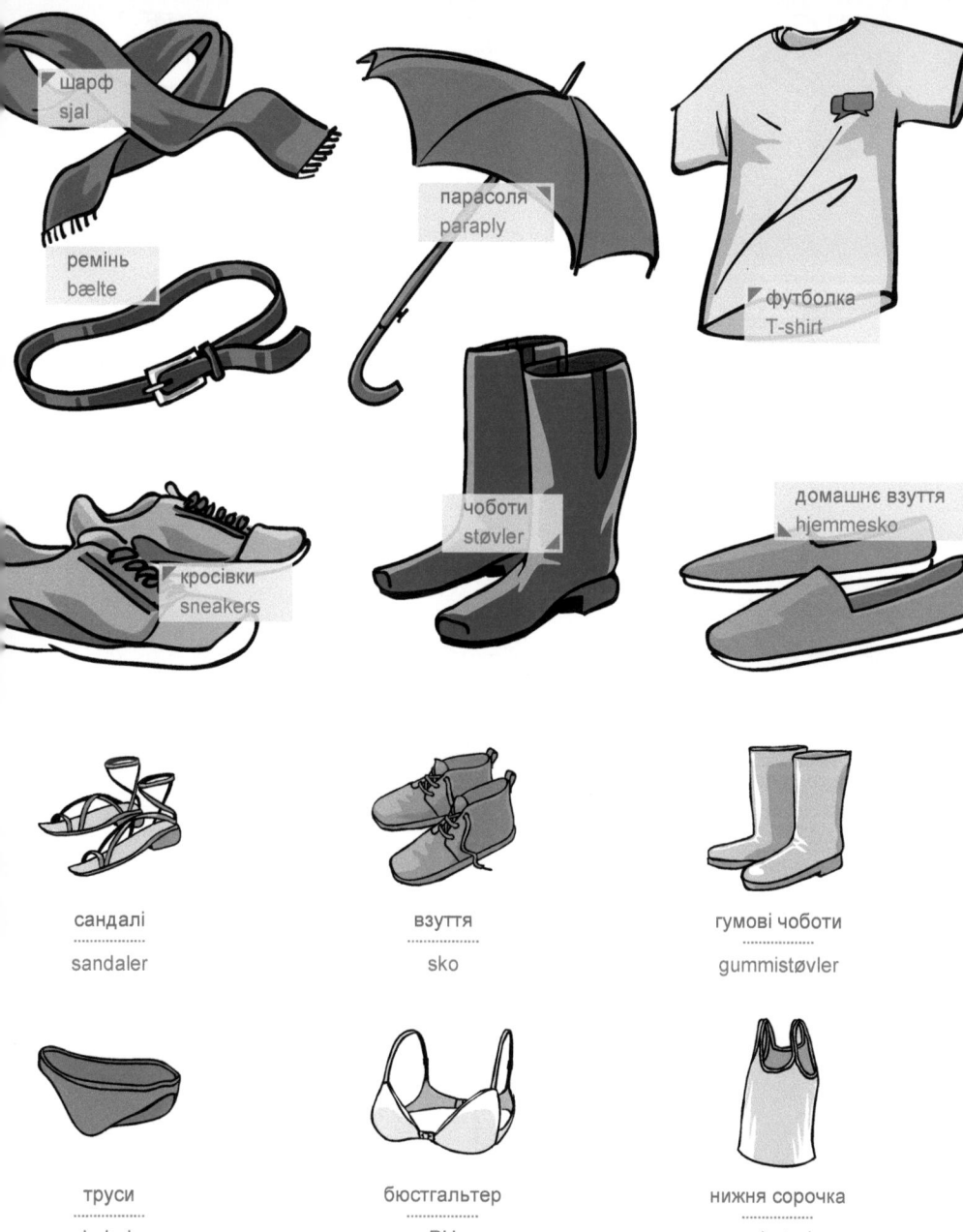

шарф
sjal

парасоля
paraply

футболка
T-shirt

ремінь
bælte

чоботи
støvler

домашнє взуття
hjemmesko

кросівки
sneakers

сандалі
sandaler

взуття
sko

гумові чоботи
gummistøvler

труси
underbukser

бюстгальтер
BH

нижня сорочка
undertrøje

боді

body

штани

bukser

джинси

jeans

спідниця

nederdel

блузка

bluse

сорочка

skjorte

пуловер

pullover

светр

sweatshirt

піджак

blazer

куртка

jakke

пальто

frakke

дощовик

regnfrakke

костюм

kostume

сукня

kjole

весільна сукня

brudekjole

костюм

jakkesæt

нічна сорочка

nattrøje

піжама

pyjamas

сарі

sari

головна хустка

hovedtørklæde

чалма

turban

бурка

burka

кафтан

kaftan

абая

abaya

купальник

badedragt

плавки

badebukser

шорти

korte bukser

тренувальний костюм

træningsdragt

фартух

forklæde

рукавички

handsker

гудзик

knap

окуляри

briller

браслет

armbånd

ланцюг

kæde

кільце

ring

сережка

ørering

шапка

hue

плічка

bøjle

капелюх

hat

краватка

slips

застібка-блискавка

lynlås

шолом

hjelm

підтяжки

seler

шкільна форма

skoleuniform

уніформа

uniform

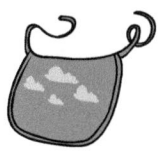

нагрудник

hagesmæk

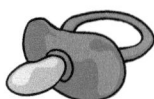

соска

sut

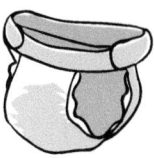

підгузок

ble

офіс

kontor

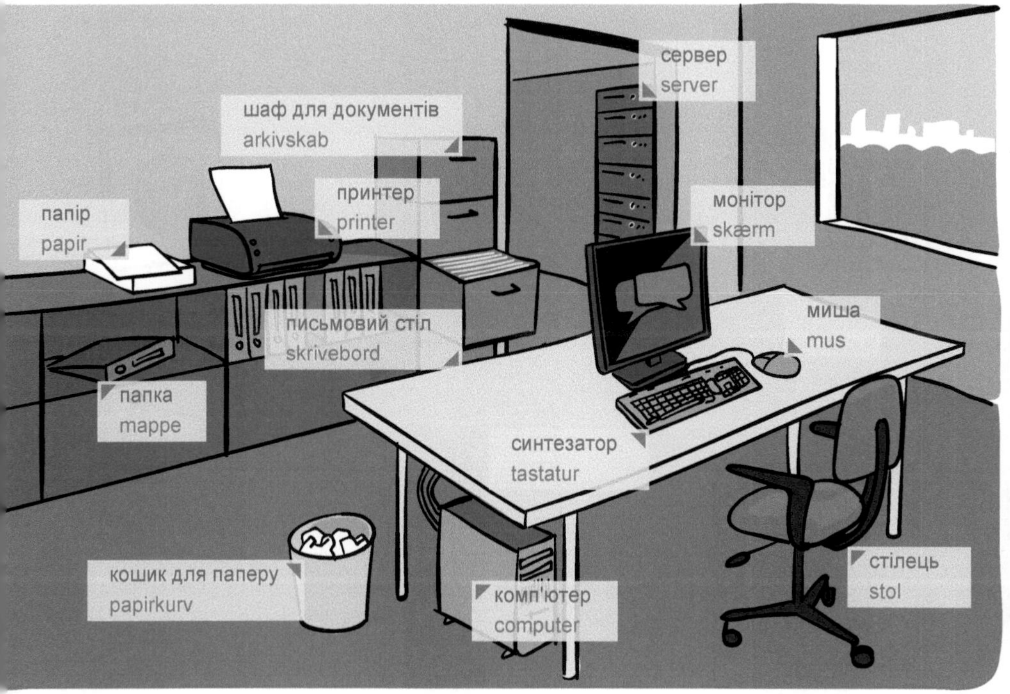

сервер
server
шаф для документів
arkivskab
принтер
printer
папір
papir
монітор
skærm
миша
mus
письмовий стіл
skrivebord
папка
mappe
синтезатор
tastatur
кошик для паперу
papirkurv
комп'ютер
computer
стілець
stol

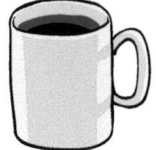

кавовий кухоль

kaffekrus

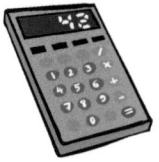

калькулятор

lommeregner

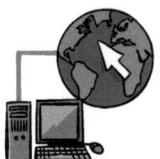

інтернет

internet

ноутбук

bærbar

лист

brev

повідомлення

besked

мобільний телефон

mobil

мережа

netværk

копіювальний пристрій

kopimaskine

програмне забезпечення

software

телефон

telefon

розетка

stikdåse

факс

fax

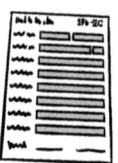

бланк

formular

документ

dokument

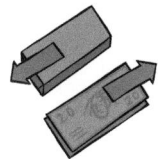

купувати

købe

платити

betale

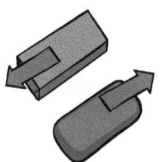

торгувати

handle

гроші

penge

долар

dollar

євро

euro

ієна

yen

рубль

rubel

франк

schweizerfranc

юанів женьміньбі

renminbi yuan

рупія

rupee

банкомат

hæveautomat

обмінний пункт

vekselkontor

золото

guld

срібло

sølv

нафта

olie

енергія

energi

ціна

pris

контракт

kontrakt

податок

skat

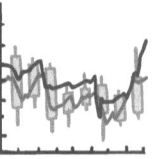

акція

aktie

працювати

arbejde

працівник

ansat

роботодавець

arbejdsgiver

фабрика

fabrik

магазин

butik

поліцейський
politimand

пожежник
brandmand

повар
kok

лікар
læge

пілот
pilot

садівник
gartner

столяр
tømrer

швачка
syerske

суддя
dommer

хімік
kemiker

актор
skuespiller

водій автобуса

buschauffør

таксист

taxachauffør

рибалка

fisker

прибиральниця

rengøringskone

покрівельник

tagdækker

офіціант

tjener

мисливець

jæger

художник

maler

пекар

bager

електрик

elektriker

будівельник

bygningsarbejder

інженер

ingeniør

забійник

slagter

бляхар

vvs-mand

листоноша

postbud

солдат

soldat

архітектор

arkitekt

касир

kasserer

флорист

blomsterhandler

перукар

frisør

кондуктор

togfører

механік

mekaniker

капітан

kaptajn

дантист

tandlæge

вчений

videnskabsmand

рабин

rabbiner

імам

imam

монах

munk

пастор

præst

інструменти
værktøj

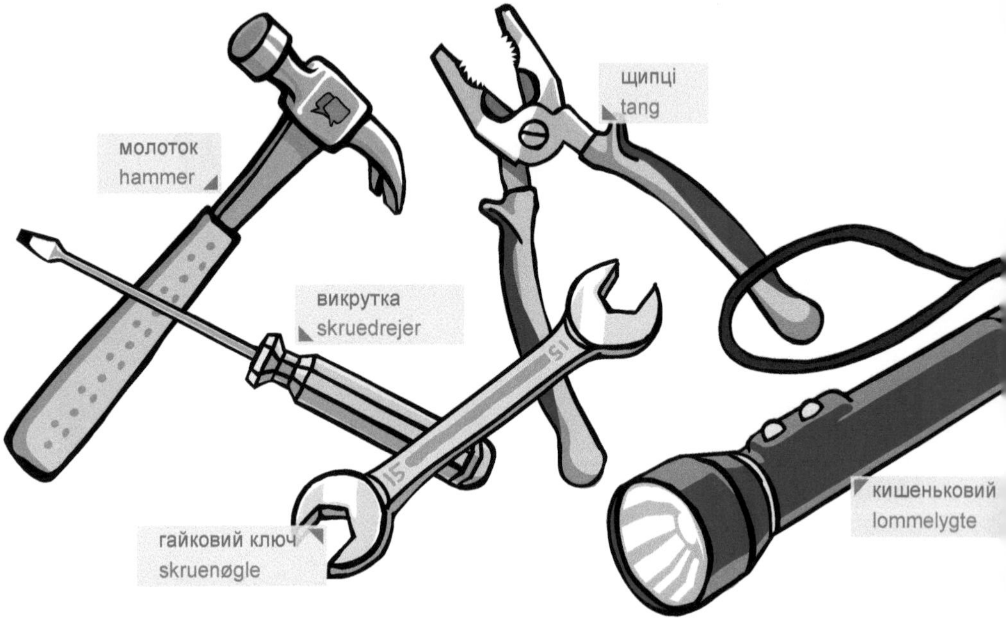
молоток
hammer
щипці
tang
викрутка
skruedrejer
гайковий ключ
skruenøgle
кишеньковий
lommelygte

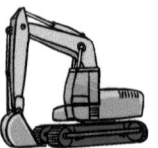

екскаватор
gravemaskine

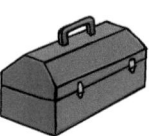

ящик для інструментів
værktøjskasse

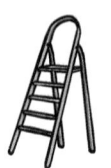

драбина
stige

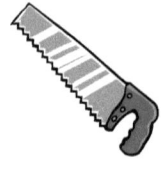

пилка
sav

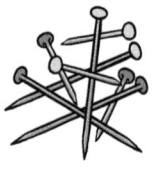

цвяхи
søm

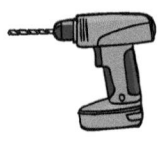

свердло
bor

ремонтувати

reparere

лопата

skovl

лайно!

Lort!

совок

fejebakke

відро з фарбою

malerspand

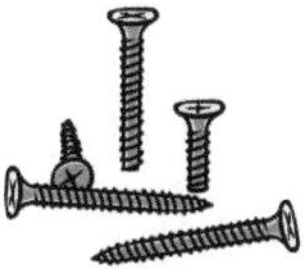

гвинти

skruer

музичні інструменти
musikinstrumenter

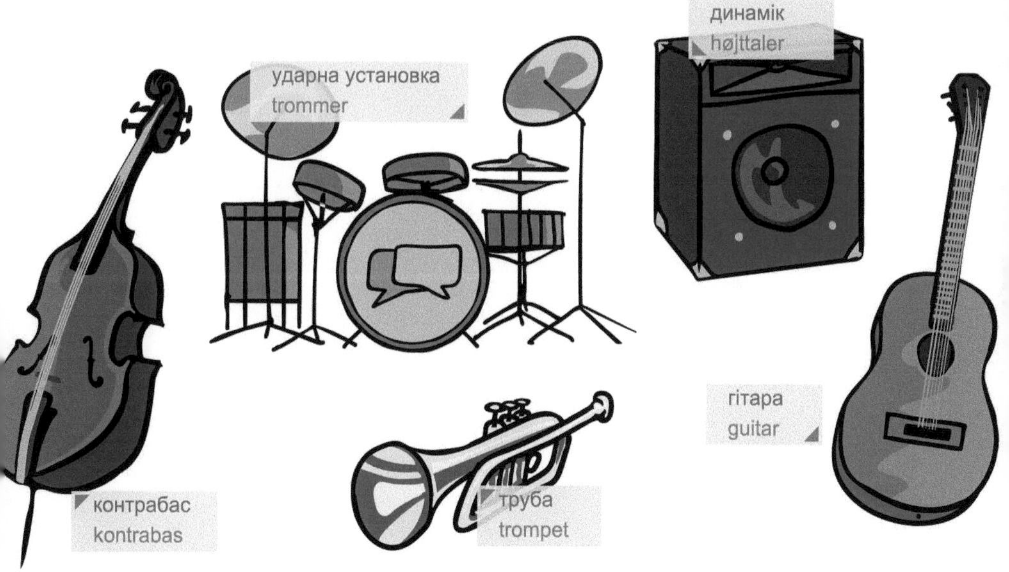

динамік
højttaler

ударна установка
trommer

гітара
guitar

контрабас
kontrabas

труба
trompet

фортепіано

klaver

скрипка

violin

бас

bas

литаври

pauke

барабан

tromme

клавіатура

keyboard

саксофон

saxofon

флейта

fløjte

мікрофон

mikrofon

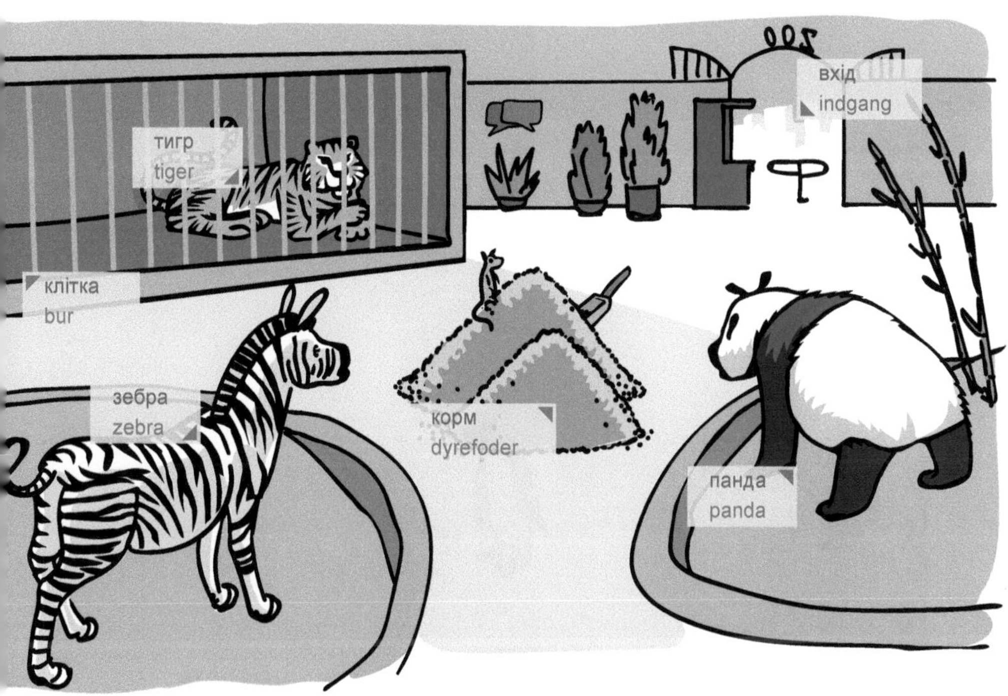

вхід
indgang

тигр
tiger

клітка
bur

зебра
zebra

корм
dyrefoder

панда
panda

тварини
dyr

слон
elefant

кенгуру
kænguru

носоріг
næsehorn

горила
gorilla

ведмідь
bjørn

верблюд

kamel

страус

struds

лев

løve

мавпа

abe

фламінго

flamingo

папуга

papegøje

білий ведмідь

isbjørn

пінгвін

pingvin

акула

haj

павич

påfugl

змія

slange

крокодил

krokodille

працівник зоопарку

dyrepasser

тюлень

sæl

ягуар

jaguar

зоопарк - zoo

поні

pony

леопард

leopard

гіпопотам

flodhest

жираф

giraf

орел

ørn

кабан

vildsvin

риба

fisk

черепаха

skildpadde

морж

hvalros

лисиця

ræv

газель

gazelle

американський футбол
amerikansk football

їзда на велосипеді
cykling

теніс
tennis

баскетбол
basketball

плавання
svømning

хокей
ishockey

бокс
boksning

футбол
fodbold

бадмінтон
badminton

легка атлетика
atletik

гандбол
håndbold

лижні перегони
skiløb

поло
polo

стрибати
springe

обіймати
give et knus

сміятися
grine

йти
gå

співати
synge

мріяти
drømme

молитися
bede

цілувати
kysse

писати
skrive

малювати
tegne

показувати
vise

тиснути
skubbe

давати
give

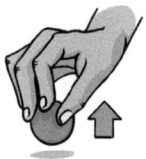

брати
tage

мати

have

робити

gøre

бути

være

стояти

stå

бігати

løbe

тягнути

trække

кидати

kaste

падати

falde

лежати

ligge

очікувати

vente

носити

bære

сидіти

sidde

одягати

tage på

спати

sove

просипатися

vågne

дивитися

se på

плакати

græde

гладити

ae

розчісувати

kæmme

розмовляти

tale

розуміти

forstå

питати

spørge

слухати

høre

пити

drikke

їсти

spise

прибирати

rydde op

любити

elske

варити

koge

їхати

køre

літати

flyve

йти під вітрилом

sejle

рахувати

regne

читати

læse

вчитися

lære

працювати

arbejde

одружуватися

gifte sig med

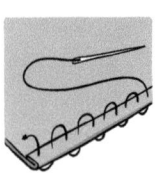

шити

sy

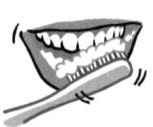

чистити зуби

børste tænder

убивати

dræbe

курити

ryge

посилати

sende

бабуся
bedstemor

дідуся
bedstefar

батько
far

мати
mor

немовля
baby

донька
datter

син
søn

гість

gæst

тітка

tante

дядько

onkel

брат

bror

сестра

søster

тіло

krop

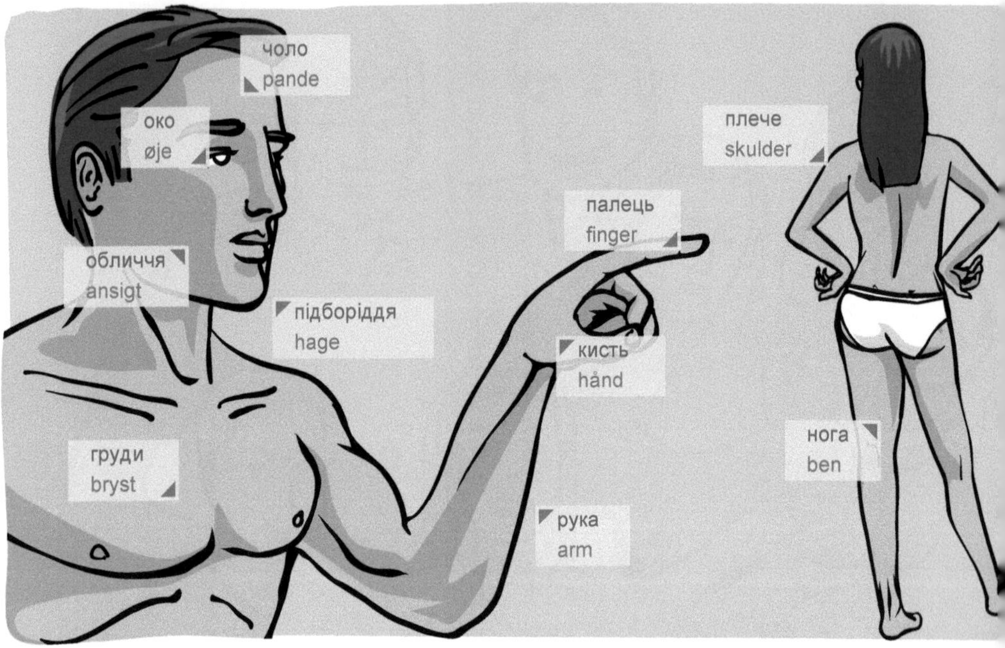
чоло
pande
око
øje
плече
skulder
палець
finger
обличчя
ansigt
підборіддя
hage
кисть
hånd
нога
ben
груди
bryst
рука
arm

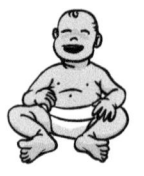

немовля

baby

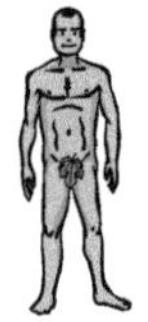

чоловік

mand

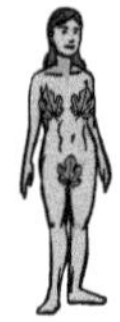

жінка

kvinde

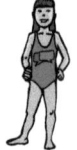

дівчина

pige

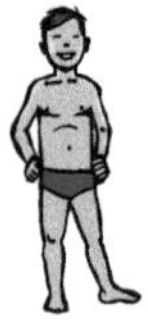

хлопчик

dreng

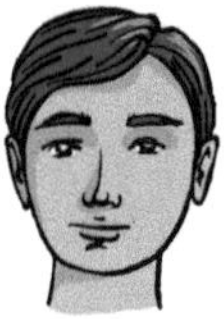

голова

hoved

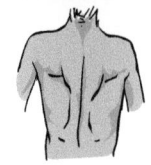

спина

ryg

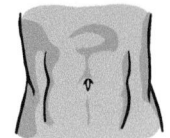

живіт

mave

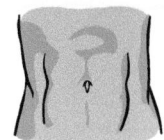

пуп

navle

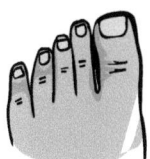

палець ноги

tå

п'ята

hæl

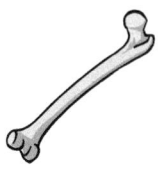

кістка

knogle

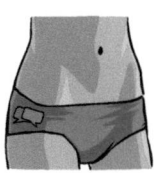

стегно

hofte

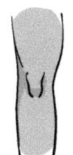

коліно

knæ

лікоть

albue

ніс

næse

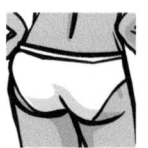

сідниці

bagdel

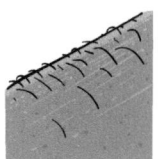

шкіра

hud

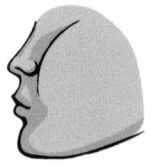

щока

kind

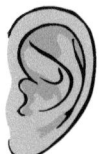

вухо

øre

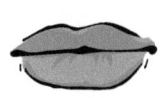

губа

læbe

рот
mund

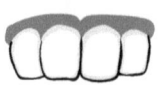

зуб
tand

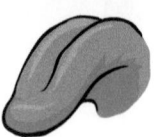

язик
tunge

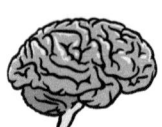

мозок
hjerne

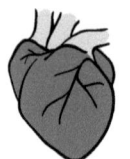

серце
hjerte

м'яз
muskel

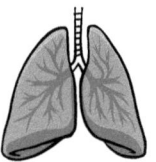

легені
lunge

печінка
lever

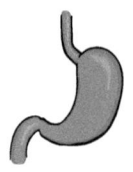

шлунок
mavesæk

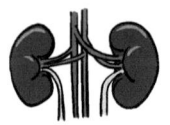

нирки
nyrer

статевий акт
sex

презерватив
kondom

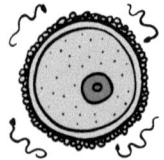

яйцеклітина
ægcelle

сперма
sperm

вагітність
svangerskab

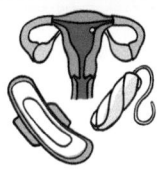

менструація

menstruation

вагіна

vagina

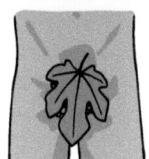

пеніс

penis

брова

øjenbryn

волосся

hår

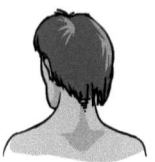

шия

hals

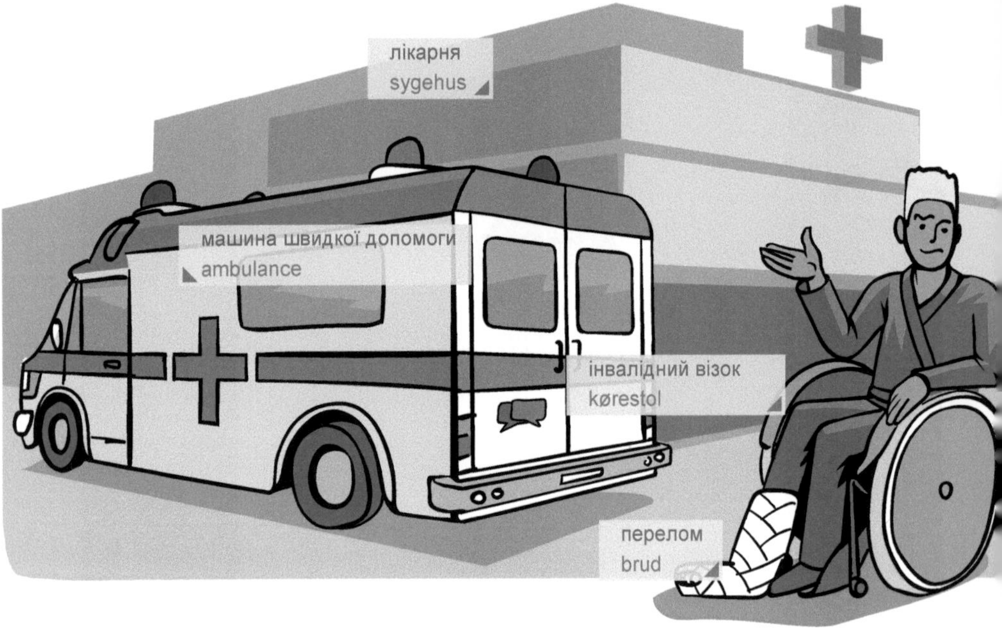

лікарня
sygehus

машина швидкої допомоги
ambulance

інвалідний візок
kørestol

перелом
brud

лікар

læge

відділення швидкої
медичної допомоги

akutmodtagelse

медсестра

sygeplejerske

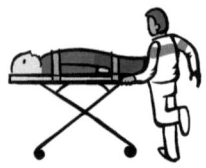

аварійний випадок

nødstilfælde

непритомний

bevidstløs

біль

smerte

травма

skade

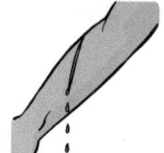

кровотеча

blødning

інфаркт

hjerteinfarkt

інсульт

slagtilfælde

алергія

allergi

кашель

hoste

лихоманка

feber

грип

influenza

пронос

diarré

головна біль

hovedpine

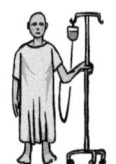

рак

kræft

діабет

diabetes

хірург

kirurg

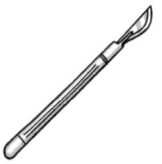

скальпель

skalpel

операція

operation

КТ

CT

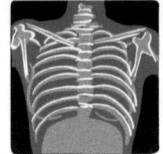

рентген

røntgen

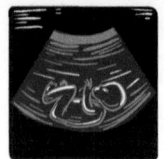

ультразвук

ultralyd

маска

maske

хвороба

sygdom

зал очікування

venteværelse

милиця

krykke

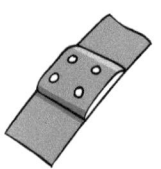

пластир

plaster

пов'язка

forbinding

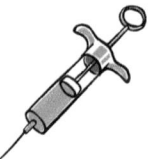

ін'єкція

injektion

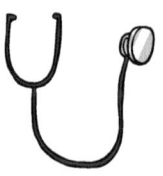

стетоскоп

stetoskop

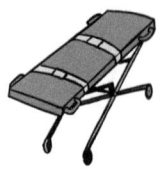

ноші

båre

термометр

termometer

народження

fødsel

надмірна вага

overvægt

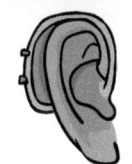

слуховий апарат

høreapparat

дезінфікуючий засіб

desinficerende middel

інфекція

infektion

вірус

virus

ВІЛ / СНІД

HIV / AIDS

медицина

medicin

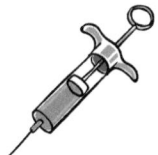

вакцинація

vaccination

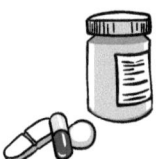

таблетки

tabletter

протизаплідна пігулка

pille

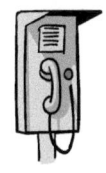

екстрений виклик

nødopkald

тонометр

blodtryksmåler

хворий / здоровий

syg / rask

сигнал тривоги

alarm

напад

overfald

Допоможіть!

Hjælp!

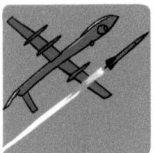

атака

angreb

небезпека

fare

аварійний вихід

nødudgang

Вогонь!

Det brænder!

вогнегасник

ildslukker

аварія

uheld

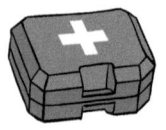

аптечка

førstehjælps-kuffert

СОС

SOS

поліція

politi

Європа

Europa

Північна Америка

Nordamerika

Південна Америка

Sydamerika

Африка

Afrika

Азія

Asien

Австралія

Australien

Атлантика

Atlanterhavet

Тихий океан

Stillehavet

Індійський океан

Indiske Ocean

Антарктичний океан

Sydlige Ishav

Північний Льодовитий
океан

Ishav

Північний полюс

Nordpol

Південний полюс

Sydpol

Антарктика

Antarktis

Земля

Jorden

суша

land

море

hav

острів

ø

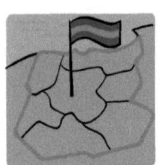

нація

nation

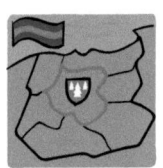

держава

stat

циферблат

urskive

годинникова стрілка

timeviser

хвилинна стрілка

minutviser

секундна стрілка

sekundviser

Котра година?

Hvad er klokken?

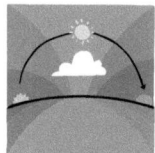

день

dag

час

tid

зараз

nu

цифровий годинник

digitalur

хвилина

minut

година

time

тиждень
uge

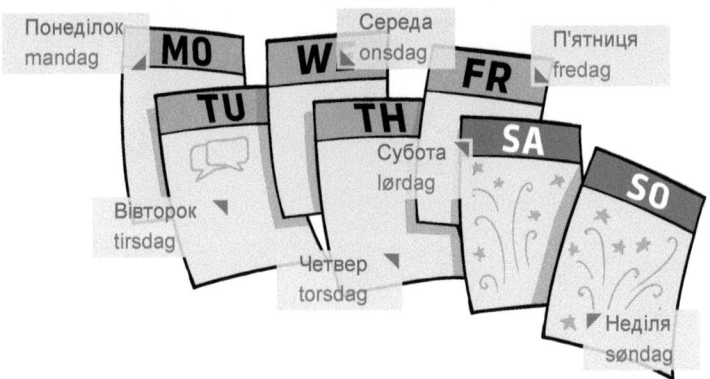

Понеділок mandag
Вівторок tirsdag
Середа onsdag
Четвер torsdag
П'ятниця fredag
Субота lørdag
Неділя søndag

вчора

i går

сьогодні

i dag

завтра

i morgen

ранок

morgen

опівдні

middag

вечір

aften

робочі дні

arbejdsdage

кінець робочого тижня

weekend

рік

år

дощ
regn
веселка
regnbue
сніг
sne
вітер
vind
весна
forår
осінь
efterår
літо
sommer
зима
vinter

4.APRIL 11°
5.APRIL 4°
6.APRIL 13°
7.APRIL 8°
8.APRIL 10°

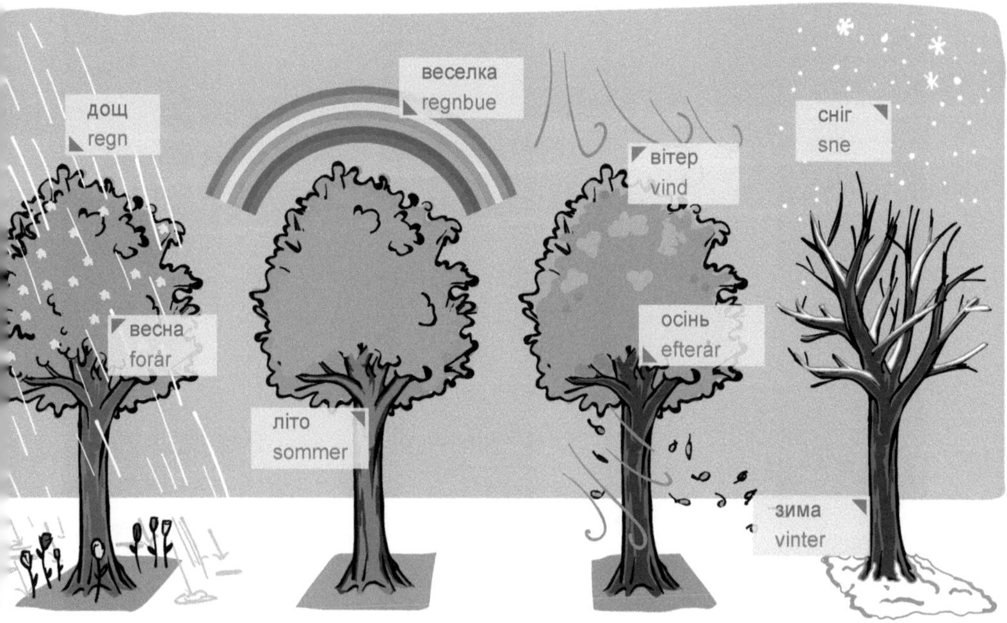

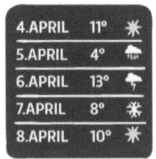

прогноз погоди

vejrudsigt

F C
120 40
90 30
60 20
30 10
0 0
-30 -10
-20

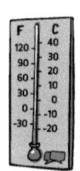

термометр

termometer

сонячне світло

solskin

хмара

sky

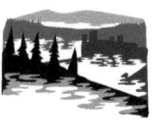

туман

tåge

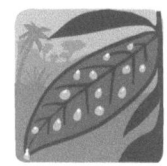

вологість повітря

luftfugtighed

блискавка

lyn

грім

torden

шторм

storm

град

hagl

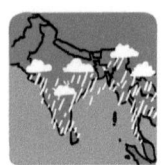

мусон

monsun

повінь

flod

лід

is

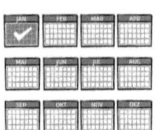

Січень

januar

Лютий

februar

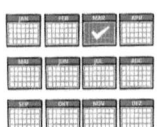

Березень

marts

Квітень

april

Травень

maj

Червень

juni

Липень

juli

Серпень

august

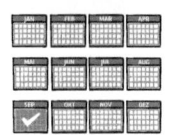

Вересень

september

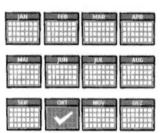

Жовтень

oktober

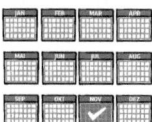

Листопад

november

Грудень

december

форми
former

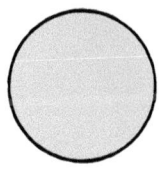

круг

cirkel

квадрат

kvadrat

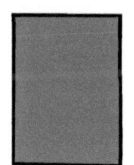

прямокутник

firkant

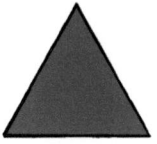

трикутник

trekant

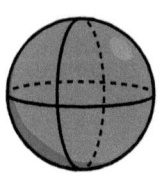

куля

kugle

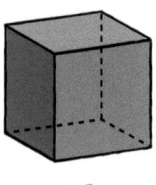

куб

terning

білий

hvid

жовтий

gul

помаранчевий

orange

рожевий

pink

червоний

rød

фіолетовий

lilla

синій

blå

зелений

grøn

коричневий

brun

сірий

grå

чорний

sort

багато / мало

meget / lidt

лютий / мирний

rasende / fredelig

гарний / бридкий

smuk / grim

початок / кінець

begyndelse / slut

великий / малий

stor / lille

світлий / темний

lys / mørk

брат / сестра

bror / søster

чистий / брудний

ren / snavset

завершений / незавершений

fuldkommen / ufuldkommen

день / ніч

dag / nat

мертвий / живий

død / levende

широкий / вузький

bred / smal

їстівний / неїстівний

spiselig / uspiselig

злий / дружній

vred / venlig

збуджений / нудьгуючий

ophidset / kedet

товстий / тонкий

tyk / tynd

спочатку / востаннє

først / sidst

друг / ворог

ven / fjende

повний / порожній

fuld / tom

жорсткий / м'який

hård / blød

важкий / легкий

tung / let

голод / спрага

sult / tørst

хворий / здоровий

syg / rask

незаконний / законний

illegal / legal

розумний / дурний

intelligent / dum

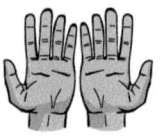

вліво / вправо

venstre / højre

поруч / далеко

nær / fjern

новий / використаний
ny / brugt

нічого / щось
intet / noget

старий / молодий
gammel / ung

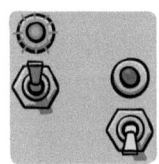

вкл / викл
tændt / slukket

відкрито / закрито
åben / lukket

тихо / гучно
stille / højt

багатий / бідний
rig / fattig

правильно / неправильно
rigtig / forkert

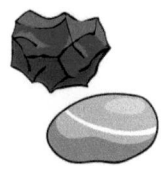

шорсткий / гладкий
ru / glat

сумний / щасливий
ked af det / lykkelig

короткий / довгий
kort / lang

повільно / швидко
langsom / hurtig

вологий / сухий
våd / tør

гарячий / холодний
varm / kold

війна / мир
krig / fred

0

нуль

nul

1

один

en

2

два

to

3

три

tre

4

чотири

fire

5

п'ять

fem

6

шість

seks

7

сім

syv

8

вісім

otte

9

дев'ять

ni

10

десять

ti

11

одинадцять

elleve

12

дванадцять

tolv

13

тринадцять

tretten

14

чотирнадцять

fjorten

15

п'ятнадцять

femten

16

шістнадцять

seksten

17

сімнадцять

sytten

18

вісімнадцять

atten

19

дев'ятнадцять

nitten

20

двадцять

tyve

100

сто

hundrede

1.000

тисяча

tusinde

1.000.000

мільйон

million

англійська

engelsk

американська англійська

amerikansk engelsk

китайська
високочиновницька

kinesisk mandarin

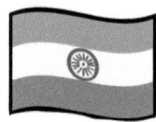

хінді

hindi

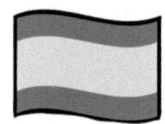

іспанська

spansk

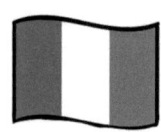

французька

fransk

арабська

arabisk

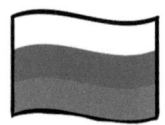

російська

russisk

португальська

portugisisk

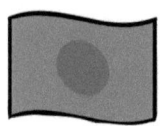

бенгальська

bengalsk

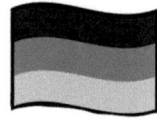

німецька

tysk

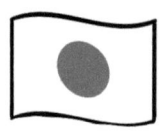

японська

japansk

я
....
jeg

ти
....
du

він / вона / воно
....
han / hun / den / det

ми
....
vi

ви
....
I

вони
....
de

хто?
....
hvem?

що?
....
hvad?

як?
....
hvordan?

де?
....
hvor?

коли?
....
hvornår?

ім'я
....
navn

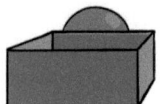

ззаду

bag

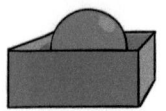

в

i

перед

foran

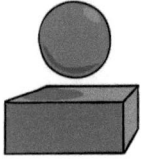

над

over

на

på

під

under

біля

ved siden af

між

imellem

місце

sted